LÓTUS
MOLOTOV

COPYRIGHT © 2016 LEONARDO TOLEDO

COORDENAÇÃO EDITORIAL Renato Rezende
CAPA E PROJETO GRÁFICO Rafael Bucker e Luisa Primo
IMAGEM DE CAPA Ágatha La Piedra
DIAGRAMAÇÃO Luisa Primo
REVISÃO Leandro Salgueirinho

Dados Internacionais de Catalogação na Publicação (CIP)
(Câmara Brasileira do Livro – SP, Brasil)

Toledo, Leonardo
Lótus Molotov
1ª ed. - Rio de Janeiro: Editora Circuito, 2016

ISBN 978-85-64022-94-2

1. Poesia 2. Poesia brasileira 3. Título

11-00375   CDD-869.91

Índices para catálogo sistemático:
1. Poesia; poesia brasileira

EDITORA CIRCUITO LTDA.
Tel. 21 981248891
www.editoracircuito.com.br

Lótus Molotov
Leonardo Toledo

O SANTO GRAAL NAS CONCHAS DAS MÃOS (MANIFESTO DE SOFIA)
– 9 –

QUE SERÁ QUE SÃO OS MITOS?
– 11 –

MADEIRA MILAGREIRA
– 12 –

PÃO PURO
– 13 –

CHAVE OU MACHADO
– 14 –

O BEBÊ, O PALHAÇO, O MÁGICO E O FILÓSOFO
– 15 –

CARTA PARA HANS CHRISTIAN ANDERSEN
– 16 –

SE O AMOR PUDESSE FALAR SOBRE O AMOR
– 18 –

FLAMENCO
– 19 –

ÍTACA OU CANTO AO BUSCADOR
– 20 –

A LIÇÃO DE ORFEU
– 21 –

DEIXA O AMOR ONDE ACHOU
– 23 –

CARTAS REALMENTE TROCADAS
– 25 –

ENFEITES ABSURDOS (COMO A VIDA)
– 26 –

A CICATRIZ E A TEORIA DA RELATIVIDADE
– 27 –

O SUPEREGO E A PRINCESA
– 29 –

ELA E A PANTERA
– 30 –

MATERNIDADE DAS TRIGÊMEAS
– 31 –

DIGO, NÃO DIGO DA MENINA CURIOSA
– 33 –

O MITO ENQUANTO REBELDIA
– 34 –

UMA FÁBULA AOS IDIOTAS
– 36 –

GUERRA ÀS ENGRENAGENS DO FALSO IMPÉRIO
– 38 –

O ERRO DE ADOLF HITLER
– 39 –

POEMA PUNK #1
– 41 –

ESPÉCIE: FANTOCHE
– 42 –

MDRV OU HIPERESTESIA
– 43 –

MEMORANDO DE CUPIDO
– 46 –

80'S FAIRY SONG
– 49 –

ALICE E O MULTIPLICADOR DE CICATRIZES
– 54 –

RETROSPECTIVA DAS BRUXAS (NARRADA POR ALICE)
– 57 –

PLANÍCIES OU AS HUMANINHAS PERDIDAS
– 61 –

NANQUIM
– 62 –

VOCÊ NÃO SABE QUE OS OLHOS SÃO A MEDIDA DE ALGO MAIS?
– 64 –

O PÁSSARO-DE-GORRO-NOS-OLHOS E A MENINA-DO-INDICADOR-MACHUCADO
– 67 –

MAYA OU CASSINO DE ESTRELAS
– 71 –

BRAVA FILHA MEXICANA
– 73 –

LIED
– 75 –

RINA OU BERÇÁRIO-DE-CORVOS
– 77 –

NOTAS DO IMIGRANTE OU NOTAS CAINITAS
– 79 –

A CAÇADORA DA TRIBO
– 81 –

O FANTÁSTICO VOO DA MENINA DO SÍTIO
– 83 –

O CARROSSEL PERDIDO
– 86 –

LUA, A BRUXA
– 87 –

JARDIM DO TORMENTO
– 88 –

ESTRIBILHO DOS SEDUTORES
– 89 –

VALSA RUSSA
– 91 –

O BOTICÁRIO DOS VENENOS CUSTOMIZADOS
– 92 –

POEMA PUNK #2
– 94 –

DERROTADOS NA PRIMAVERA
– 95 –

SCHIZOTRON
– 96 –

METAMORFOSE
– 98 –

SHAKTI E A RODA DA FORTUNA
– 100 –

O UMBIGO DE SALOMÉ
– 102 –

CANTIGA DE NINAR PARA MÃE MORTA
– 104 –

AMY & AIMÉE
– 106 –

SABOTAGEM ELEUSINA
– 108 –

ETHEL, A ETÉREA OU DARKJAZZ
– 110 –

O SANTO GRAAL NAS CONCHAS DAS MÃOS (MANIFESTO DE SOFIA)

Vice-reinado de homens pra além da possibilidade
ou do desejo
de absolvição
coroaram o rei, muito bem, coroaram como
com palavras?
o que a palavra regimenta, a palavra revoga,
não se reza ou governa com a boca
ela no máximo repete o que
dentro dos homens
desde sempre sucede.

Boca: berço e túmulo da palavra
mancomunada contra o esquecimento
a oralidade da nossa corajosa tradição
ponha a ebúrnea coroa de espinhos no cocuruto do narrador.

Uma menina de 7 anos de idade veio até mim certa vez
com as mãos em concha quando eu: padecia sede
a água era de mentirinha – ela disse – mas o gesto dela
era verdadeiro
e eu não me importei de sentir dor... nunca... mais...

As mãos em concha daquela criança eram o Santo Graal
cuia do imaterial
o símbolo de uma ordem mística ainda por inventar (estou aqui inventando)
baseada na água, ao gosto dos cancerianos e de Tales de Mileto, a ordem
só tem um princípio
alertar as pessoas: vocês estão vivos mesmo – não é impressão
a ordem tem somente um dogma e axioma:
O Tempo Reina. que se escreve também assim: O Tempo Rio. ou ainda doutro jeito:
O Tempo Tempo.

Quem busca o Graal nunca encontrará o Graal, encontrará o Graal quem já o achou
se Maomé ou Parsifal forem tolos de singrarem à montanha
o homem é a Montanha
por Antônio Conselheiro: quem busca o Graal, não encontra!

Vejo fios de ouro saindo da taça! é um jarro de gênios, é o seu pescoço, Sofia
o jarro das palavras jorrando, ajuda-me
o núcleo amendoado da tua forma, Musa do Saber, rompe a casca do segredo
a casca do universo: um jogo de bonecas russas: mundos habitam mundos, não é mesmo?

O Sebastianismo ganhou companhia: nasceu o Sofianismo. E você pode viver esse mito. Está convidado, leitor amigo.

As mãos vazias em concha: Santo Graal obtido.

QUE SERÁ QUE SÃO OS MITOS?

Um grafite que pula do muro pro meio da fuça
lá remoçando um homem
onde fui parar;
Um bate estaca de cabeças tinindo em plena praça
a ideia esporrando o muro
não sei qual dos dois racha
o muro casmurro
a ideia impávida;
Apesar daquilo que se decida, venha, faça
o reflexo voluntarioso
diz ao modelo vivo: "tenho algo que te falta"
não sou sobra sua;
Sustento dos espantos, pulo da árvore pra canoa,
da pedra pro colar, da pena pra alma penada,
do hálito pra alma, do vacilo do nada à vida varada,
sou um mito
mil formas para atingir uma única missão;
Dizem que estou pra além dos ditames da História
que não existo
mas para tal eu não peço permissão
se eu sumir vais junto
deixe eu te dar bênção:
talhado na madeira, boneco de laceração,
faço um grafite em chamas
com um conselho de avó
e um tição;
Com trigo, aveia, cevada e linhaça
boto comida na sua mesa
na cabeceira a Ave Maria
verde acampada
mais um gole de cachaça;
Sou teu sustento.

MADEIRA MILAGREIRA

Quem se afasta da terra abre mão do milagre
estranha o milagre
que vem das entranhas
Descola os ouvidos da terra, não ouve a palavra
não lavra mais nada
não sossega o coração
Pois no seu íntimo ainda deseja
presenciar o nascimento das coisas
ser a testemunha de uma contração
da vida piedosa, sadia, terrível,
inexorável em ação
O que veio a nascer vem sempre a calhar
precisa escolher dizer sim,
matutar pra maturar, dizer vem a calhar
Da semente que estende ao céu
você pode anotar: ela veio das suas mãos
e vai longe, longe, o mundo abraçar
mas não sinta saudade e nem dê proibição
com raízes profundas não se sofre à toa
e o sofrimento mais imenso se persiste em sofrer
tem sanção, o consolo supura e a gente atura
por ser o sofrer, imensidão
Tire a semente do lacre e a vida acontece
arranca os selos da morte
vai tremer por consolos, pedir acalantos,
mas mesmo chorando
vivendo já venceu...

PÃO PURO

Tens de aceitar o grilhão se queres o pão,
eis a sua condição.

O emprego te prende a esse país, a essa cidade,
a distância a ti vedada
não te aventures em busca de nada
e para te colocarem nessa ratoeira
nem queijo
bastou o pão.

O pão de todo dia junto às palavras ordeiras
prodígio comum da terra
é pra todos tão necessário como o ar
isto mesmo o patrão precisa
mais que tudo furtar
a fortuna do pão.

Não foi negado pão mesmo ao pobre diabo
mas você teme ser diabo
na bigorna de evangelho estrangeiro
prende a boca
como ao rabo
e a sua fome se torna blasfêmia, fonte do pecado,
que sem conhecimento
pela servidão demonstrada é
humilhado perdoado.

Foste perdoado pelo ofensor, que performance estapafúrdia,
tem medo sobretudo
da espécie de amor inconfessável
ai, ai, confessor
não declaro o pão
e não confesso o amor!

CHAVE OU MACHADO

... ela se deparou com um coração no oco da árvore ...
e embora aquela sensação lhe desse
todo o tempo do mundo
custava raspar as lascas de madeira...
as vozes lhe chamavam de volta, ela queria entrar
fundo no oco do coração
até que ressoasse
uma comitiva de aladinhos para levar
ao reino do familiar
a árvore tinha fechadura própria, sua, levava
para o mágico lado de lá
mas esquecidas as chaves, as encaixáveis no segredo,
falou o machado...
... ela deparou com um oco feroz tamanho de urso ...
amando as feras, o amor mesmo avulso,
andasse encantada numa casa feliz
sem porta, janela, reboco
uma casa caldeirão fervendo
o mundo
pra que ficasse no ponto
ocorreu-lhe que o coração modelo original do caldeirão,
ferve, ferve, ferve
acidental derrama
cheiro de beberagem, miragem, aragem,
embaixo do solo a bruxa dá vazão
à agricultura
remexendo da vida
o fermento...
... ela se deparou com a flor fechada-aberta-fechada-aberta ...
a natureza brincando
de mensagem secreta...

O BEBÊ, O PALHAÇO, O MÁGICO E O FILÓSOFO

Cidade grande, há quem te queira ver pelas costas
Futuro, parece mandado expedido pelo governo
pra colocar ordem na alegria da gente
exército crente em armas sem estrela de David
não caça jeito, alegria vem de supetão, é rasteira
Cidade, montou-se circo nas cercanias
tá vendo autoridade
fiscal, arregimentador, comentarista
guarda ou policial
aqui tem... palhaço!
se te falarem do mágico aí que você não vai acreditar
ele caiu do céu
a do coelho da cartola é velha – da onde veio o coelho,
não será também de onde viemos
o mágico usa de filosofia experimental – do velho corpo
arranca nova em folha, a criança
Cidade grande, a cidade pequena é uma criança
chuva vindo imprevista é milagre
milagre acontece quando entende
aí começa firme a festança
escuta a saraivada de risos, parece revoada, e é!
vê como as coisas são:
garfo imita bico, avião as asas, roupa a plumagem, casa o ninho,
vaso a terra, boneca a filha, sax soprano o passarinho,
apaixonado primeiro bem-te-vi depois beija-flor
agora veja você a mais ousada invenção, a lâmpada, macaqueia o Rei
o rei imita um Sol meio sem graça
o melhor número de imitação não é mentira:
já viu você,
bebê imitando luz?
Bebê:
a alegria do palhaço nunca foi
outra coisa senão
o mistério do mágico
aprendido em você.

CARTA PARA HANS CHRISTIAN ANDERSEN

Hans, meu amigo,
faz muito, muito tempo, desde uma coisa
que não me lembro.

Tanta gente bebendo até cair na cidade
mas poucos caem em si
e ninguém cai nos gravetos
ninguém, nos braços certos...
tudo andava bem, até alguém achar
as minas de ouro
o que vem fácil, vai fácil,
mas a vida é difícil e vai
mesmo assim
quem achou boa ideia, quem,
matar gatos na linha do trem?
me pergunto o que vai ser amanhã...
os trilhos do trem
nem ao menos quero seguir
os trilhos dessa carta, Hans
os Irmãos Grimm trabalham hora extra
pra comprar presentes pras suas preferidas
elas têm sorte, presentes
não são gorjetas
mas onde tem goteira, chove sempre...
inventamos códigos de camaradas
para dizer como anda o coração: é poesia,
não vale um centavo
e o amor chacoalha risonho
como um bolso cheio
de moedas anacrônicas, fora de circulação...
Hans, pelo amor do bom deus, não me fale em labuta,
me fale na puta
não aguento mais mulas rezando,
aconteceu o pior:
o amor saiu de moda
alguém perdeu o trem, eu, perdi o século...
ainda me lembro da pequena vendedora de fósforos

se tudo der errado
vou rezar pra ela antes de dormir
como quem acende uma vela
por cinco minutos de esperança...
faz uma frente fria imprevista nesse lado da cidade,
peguei o hábito de odiar a humanidade
só para não perder minha humanidade, Hans,
você é meu amigo
eu fiquei te devendo
o que fizeste por mim de graça
ah, enquanto os pássaros estranhos puderem voar,
a derrota fica pra amanhã...

Hans, há muito tempo atrás, o tempo já tinha
com certeza
se confundido.

SE O AMOR PUDESSE FALAR SOBRE O AMOR

Não me sobra um pingo de razão
venha a noite sobre nós
assim deve ser, nada irá detê-la, estirados
estamos
ao seu favor e dispor
tentei dobrar o meu amor foi como
tentar dobrar uma sombra
não estando comandado a seguir ninguém
no entanto sou
impelido a ser perseguido.

Chamei os perseguidores assobiando
fui assaltado, não por salteadores,
alguém concedeu o que tudo me retirasse
"tome amor
carregue-o nu
se por acaso estiveres despossuído
terá este ladrão
que invade os sonhos e
se nada leva
deixa para trás no mínimo uma doce aflição".

Era a piada cruel e a verdade do amor
mas de que outra maneira o amor nos ensinaria, os civilizados,
a vivermos nus?

O Amor arrancou minhas roupas
o Amor me colocou de quatro, de duas, de uma
o Amor me deixou a ver histórias de amor como navios passando
o Amor me raspou o final do pote
o Amor me fez mudar para sua religião
o Amor me estendeu poeira fazendo vezes de tapete real
o Amor fez ateu descascando rosários de mal-me-quer
o Amor estabeleceu prazo de gravidez ao homem barbado
o Amor trouxe miséria, doença e azar
para que você tivesse oportunidade
de marcar o X do mapa do tesouro
no coração.

FLAMENCO

O alfaiate tece a fantasia
Violeiro a trilha entretece
Dois vão costurando tranzidos
Ao seu passo a musa bela
Esquece...

Cada um ao seu trabalho
Por conta, trato e tabela
Os prazos da alma
Nunca se dão por vencidos

Dia e noite, uma só aquarela
Sumindo nos olhos dela

Madrugada ainda fresca
Temos três doidos varridos
Os cílios dela são nesgas
Ocultando desastres
Jamais ocorridos

Não há mais alternativa
Dê clemência ou demência
Cada um empunha sua arma
Agulha, viola ou beijo

Prontas roupa e melodia
Mas na noite da tal festa
Fantasia não lhe prestou
Bela como nunca
Ela dormia...

ÍTACA OU CANTO AO BUSCADOR

O que eu te peço minha vida?
Um gosto pregado na língua
placas que me indiquem
futuros...
Placas escritas numa língua sempiterna
hostil aos meus lábios pra assim
desejá-la melhor
dialetos escorraçados pelo tempo: é como me sinto
levo surras pra seguir em frente
Se até uma civilização pode ser escorraçada
que esperar dos homens?
Todos têm de morrer, quando for minha vez,
faça o favor
me enterre num cemitério de mistérios
pois ao chamado
da primeira ave debandada
acordarei de novo
Assim é a ave: a garra é seu arre-pio
vento agudo nas têmporas, um escarcéu nas meninges
o perfil do céu
vento
monumento desfeito
a ave aponta o céu com o bico
bússolas nunca soube pra que servem...
Chegarei algum dia à Ítaca?
não me importa atingi-la
sequer me vale vê-la
queria apenas a certeza
de que Ítaca existe
Ai, o Paraíso, ai, a Infância, ai, o Amor, ai, o Reinado!
ser feliz com os prazeres simples – você diz
mas os buscadores me entendem
homens que não param de admirar
aquilo que só eles – e mais ninguém – enxerga
tão inatingível
o fundo dos próprios olhos...

A LIÇÃO DE ORFEU

Orfeu músico, o primeiro domador de feras
o da lira errante
que faz mira e acerta coração, artérias intercepta
a meio caminho
Eurídice que de Orfeu arrancou as tripas
e a ele mesmo ofereceu
um projeto ainda tosco de coração
maquete
de sangue
Orfeu que por Eurídice aprendeu a escutar
como se a vida mesma aos cochichos
só dissesse, arranhada,
a mesmíssima coisa:
Eurídice, Eurídice, Eurídice
Q' ela foi pro inferno, Orfeu, que quem tu amavas
se perdeu e você
contra o talante do destino
rebelde
foi buscá-la no mais fundo arrabalde!

Orfeu, no fatídico momento, a amada
no teu encalço prestes a salvar-se
quando pra trás, pra trás! olhaste...
A estrada muda de ideia, Orfeu, o homem não,
o homem não pode!
Que significa isso? –
perguntam os homens de políticas
ora, que a estrada serpenteia, bifurca,
rumoreja, faz que sim, que não, arma,
dá o bote e encaçapa o homem
Pé na estrada, Orfeu, pau na estrada...
Veja só o vosso triste final, Eurídice sumiu,
feito nota musical
isso talvez pra te mostrar que quem ama,
ama o que some, é assim mesmo,
não há nada de errado
ai, Orfeu, a nota mais do agrado da gente

não soa pra sempre
você foi o músico, ela a nota caída no silêncio...

O que nasce do silêncio, ao silêncio torna...

Não chora, amigo, tenho pra ti duas notícias boas:
a primeira notícia é velha
vou contar a Orfeu quem foi Orfeu:
o músico, o primeiro domador de feras, o da lira errante
pelo bem que fez, mesmo desgraçado, venceu
E a segunda notícia,
conheces a moça chamada Ariadne?
pois ela quer casar, é decidida
não olha pra trás
moça fiandeira
Talvez pegando nesse novo fio
você consiga aquilo que esqueceu, Orfeu,
o mais importante de tudo
é seguir de mãos dadas
com alegria...

DEIXA O AMOR ONDE ACHOU

Valha-me um tango vá limpar os olhos
Ela troca de roupa, eu não troco
de fantasia, para quê
o delírio puído me cai bem
estou vestido pra sonhar.

Farei, querida, como lhe prometi fazer
te acordar à meia noite em ponto
pra existires só quando quiseres
no ocaso raso
pronto, pronto,
ela acordou, socorro.

Existirei também quando for melhor
aparecer
a hora trocada, pra rotina não ficar frugal
marcada
pelo amor mercador
sempre pontual.
Amada, amada, saiba
vou aparecer na hora errada
não se assuste se a verdade
teimosa e tão intensa
vier se revelar na madrugada.

Então fui eu a ser tão intenso e tolo
você não quis mais saber
e eu calado com um rolo
de palavras não ditas em vão
a despencar pelo quarteirão
até a porta da sua casa
leia, leia, leia na hora mais preciosa
antes do clarão
leia, leia, leia a minha desvairada prosa
na total escuridão.

A quem recolher as folhas manchadas
deixe meu amor intacto
onde achou
pois jogado ali é seu lugar
de rolar, rolar, rolar
até desavisado
calhar desmanchar.

Os mercadores de histórias poderão
sentados ao meio fio
contar a minha história pra salvarem
um outro do fastio
servindo a fatia que restou
ainda saborosa
na minha fantasia.

CARTAS REALMENTE TROCADAS

Troca os endereços das cartas
Que cheguem todas às mãos erradas
Estampidos aos amantes,
Doçuras aos comandantes.
Destinatários furibundos sem entender
De quais mundos
Vieram a lhe escrever.
E assim cada um, tomado por outro
Pode com alguma zombaria
Refazer-se em novo sentido
Como pão dormido
Acordado em nova padaria.
Aquele que esperava notícias de Marco Polo
Ou amava Joana, Anna, Maria
Ou esperava as contas do mês
Ou tinha a pele curtida
Chegou uma mentira sadia:
Um extravio extraordinário
Ao vulgar destinatário.
Conchas, pétalas, esmalte, jujubas
Um selo mágico para extraviar.
Faça-se o correio dos bobos:
As cartas caóticas remontem
Salve, sele e poupe-as
Rasguemos só as expectativas
De ontem, de ontem.

ENFEITES ABSURDOS (COMO A VIDA)

Passeando pela loja de enfeites
Ela enfeitou a solidão
Na falta do coração, fachada
Fez de si decoração.

A delicadeza das escolhas
Quase a redimiu da brutalidade
Mas felicidade não se compra na feira
Mundo abismo, cada corpo uma beira.

Enfeitamos os amores com juras
Os cemitérios com flores
As madrugadas com sonhos
A vida com livros e histórias
Enfeitamos gaiolas com a liberdade dos pássaros
Enfeitamos a nudez com a liberdade dos sentidos.

No fundo essa fantasia é o sentido do mundo
Pele não passa de vestido
Nossas cicatrizes as estampas
As casas os cenários
Deus o diretor de cinema
As palavras chegam prontas
Os pecados perdoados
Cada coração já pelo destino alvejado.

Só a fantasia justifica o inferno,
Os diabos são líricos de nascença
...O faz-de-conta faz tudo que conta...

A CICATRIZ E A TEORIA DA RELATIVIDADE

Eu nunca pude curar cicatrizes,
por isso resolvi queimar.

Estou perdido como alguém no mar
que quer voltar ao rio
tem pena e saudade
do rio donde veio
fugia especial
sem se dar conta da fuga
tudo agora é cicatriz
na pele da água.

Sinto cheiro de iodo, lá se foi tudo
se eu pudesse dar um conselho
ao jovem que fui
diria para não dar conselhos
à criança que foi
porque daquela vez ele tinha a sorte
humilde a seus pés.

Já não tenho remorso, mágoa, dor na consciência
apenas a companhia da cicatriz
ela não pode ser nada além de cicatriz
acho que talvez
a flor seja cicatriz aberta
a cicatriz, flor fechada.

Admiro as coisas através de uma janela que fere
sinto que a vida está janelas e janelas de distância
não chegarei em tempo
porque o tempo
não existe.

Estou num vagão, numa vaga, um espasmo de luz
na dobradura do espaço com o tempo
duas retas paralelas
se encontram no infinito

as almas são...
retas paralelas.

Passei dormindo na reta do infinito e tive saudades
mas a reta irá
passar de novo
se tenho saudades
é pra lembrar da estação.

O SUPEREGO E A PRINCESA

Seguindo uma projeção reversa
vejo o Superego sob forma de princesa
contrariada
que comigo não mais conversa.
A desapontei e, uma vez desapontada,
fiz desapontá-la
o sentido da existência.
Para que prove seu amor a um bicho da lama
veio da dúvida, a imundície
agora princesa quer ser medusa
medusa quer ser princesa
ela que deforma
quem lhe ousa olhar.
Um chakra sujo
princesa caranguejo com as mãos na cintura
longe ouço a cítara
a embalá-la
pra que na alternância de encanto-desencanto
volte a ser pura.
A princesa
ordena ao súdito:
aceite o presente.

ELA E A PANTERA

Ela tatuou a pantera
Pelo corpo inteiro esgueirando
Era uma só? Armava
O bote nas costas
Mordia o que encontrava pelo caminho
Alucinada mordida de boa noite...
Pelos espichados na pele
Pele espichada por debaixo do pêlo
Terror
Um mural de augúrios
Quedas imperiais
Bola preferida da pantera:
De cristal
Todos os impérios cairão
A noite não, a noite nunca...
A pantera cochila no colo dela
Numa rede sob palmeiras a pantera dorme
Na barriga. Cansada
Enfurna-se no umbigo
Salta dentro, fora
Escolhe um lugar preferido
Ela em sua alma meditativa
Também busca lugares favoritos
Safári pelo corpo humano
A pantera dá voltas ao pescoço
Arma o ataque, cerra os dentes experientes
Morde, a pele abocanha a pantera
De volta, tão voraz quanto,
Ardem unidas
Se a pantera mata, morre...
Tão bonito duas panteras brincando...

MATERNIDADE DAS TRIGÊMEAS

É uma bela noite na praia do sono
Sherazade torce seus bigodes
Soa a vinheta do Rá-tim-bum
"Senta que lá vem a história"
Garrafas de Montilla vazias,
Piratas no chão
Colocaram um tapa-olho na Lua:
Eclipse?

O cabelo de Rapunzel meio que sugere
Formas, faz estripulias
Ela já desistiu de penteá-los
Não há cabelos comportados
Não há sonhos lúcidos

Penduraram as luzes de natal
Esticadas no cabelo de Rapunzel
Ele cintila vermelho, verde
Azul e amarelo

Alice come caramelo, come não, masca
Sherazade fuma um cigarro de palha
Rapunzel que é auto-erótica
Morde os lábios

As três dançaram:
Rapunzel pisava os cabelos, tropeçava em si
Alice era a única que sabia
Dançar duas músicas ao mesmo tempo
Sherazade dava à luz dançando
Materna dançarina do ventre
A gravidez enquanto dança do ventre

A Lua do início da história:
Na barriga de Sherazade
Alice, por ela,
Nascia toda hora, não parava de nascer

Sherazade, mãe de sua irmã mais nova

Sherazade como é, cheia de rugas
Invisíveis...
A irmã mais velha, quantos anos tem?
Certo mesmo é
Que as trigêmeas são filhas umas das outras...

DIGO, NÃO DIGO DA MENINA CURIOSA

uma menina em seu vestido puído,
sonha um bolo redondo,
carcomido
bendita curiosidade! feita de esfarelos
num' para quieta nas mãos,
é um inseto escarafunchador bem esquisito
come lasca de folha, anda em Z,
placas apontando em direções reversas
vá correndo antes que a placa suma soem
sirenes
ou cornetas
o alarme do pensamento que boa ideia rir
os animais dão cambalhotas pela chegada
de estranho bicho sem pelo, casco, presas,
é menina; que caçoada, digo,
coçada! mais engraçado nela tem de ser o nariz
que funga, cospe meleca, arrebita, franze
tem vida própria? cheia de piolho, pobrezita,
a sua cabeleira é terra óspita à piolhada
o seu estômago à vermaria
que conjunto admirável, humaninha: tem peças
esquisito que não muito bem encaixem,
discorda de
o ceticismo da criança é feito de assombros
o do filósofo de cabeça entupida,
cogito, excogito, papo esquisito... ahá, digo,
a lâmpada acendeu
vamos brincar de catar a natureza inconclusa
que dormita
sem postulado, pílula, do sono, enfadonho, digo,
doninha!

O MITO ENQUANTO REBELDIA

Eles revistam os homens, mas não querem encontrar humanidade
constroem pontes, trilhos, supervias,
não lembram do porque das veias
Mais um ano e conecte a periferia
o novo homem transpira alta voltagem
sua fibra óptica não é carne,
ilusão de ótica
descobriu o segredo do amor,
neurotransmissor

A jornada de trabalho leva aonde se precisa chegar
há homens de muletas dos botecos
que brigam com os homens de muletas das igrejas
às cabeçadas
das cadeiras de rodas arrojadas espumam:
"aleijados!"

Todas as pessoas sensatas se desconhecem pelo nome

Já não há cemitérios, já não há mortos, a morte é superstição –
disse a ciência

Um colegial encontra O Livro dos Mortos do Antigo Egito
treme de alegria ao descobrir ali
um insuspeitado sentido para a vida
O nome Ísis passa do livro a ele
dele aos seus sonhos
dos seus sonhos aos dos vizinhos –
como um telefone sem fio onírico –
e de repente a Morte ressuscita
O menino descobre que Ísis é um nome escorregadio
sibilante
que entra pelas frestas atrás das vidas
e sai embalsamando-as no estômago
Quando a cobra estufa indigesta
é obrigada a regurgitar o jantar:
sejam bichos, plantas, homens, outros deuses –

assim o ciclo da vida continua –
através do ciclo digestivo da cobra Ísis

Uma menina de cinco anos descobre uma gravura de Dioniso
misteriosamente entende a embriaguez na floresta
a alegria da folha nua
verde beijada amarelo
ela vê um tropel de cupidos de barriga inchada,
sátiros de nariz bexiguento e corujas pardas
todos cantam estropiados
a roda cresce em alegria e perigos fulminantes
O nome Dioniso passa do livro a ela
dela aos seus sonhos, etc...

Assim, pouco a pouco,
os homens de muletas nos botecos e nas igrejas
descobrem as volúpias do fermento
no pão, na carne, no álcool, na vida, na morte
o boteco se torna local de culto
a igreja constrói fontes de vinho borbulhante
voltando a andar com as próprias pernas
o homem dá adeus à jornada de trabalho
descobrindo a jornada em busca do buscador...

UMA FÁBULA AOS IDIOTAS

A raposa salivando às uvas no vinhedo
você ouviu isso antes...
mas não vê vinhedo, raposa, quanto mais
a saliva antecipada nos olhos
que raposa, que topete, que dentição?
alguém te pregou uma peça, cidadão
que merda de vontade puxando pelos cabelos
nos faz dançar
mas você, homem moderno, criou uma decoração
pouco acolhedora para o inferno!

Não esfregue demais os olhos porque isto é real
os bandoleiros expostos à Lua
viraram fabuladores, não tabuladores
homem moderno
esqueça a tabela régia para não pagar em sangue
Mefistófeles cobra,
não esfregue demais os olhos!

Veio-te um inseto esburacado de canudos
você começa a ficar confuso...
um rapaz chamado Franz Franzino desenhou
seu retrato falado
queres muito subir na vida
o verdinho é o seu açúcar, um filme estrelando
você
formiga junkie de açúcar
por que diabos
Franz Franzino fala em metamorfoses?

Uma colônia de insetos não chora por seus mortos
a terra enterra sozinha
tira os pesos gordos do meio do pavimento
operários ajudam até depois de defuntos
drogados paranoicos veem ondas de insetos
e se perguntam
que pragas são?

você, meu querido leitor, gosta de ser antenado
não lê fábulas, como é mesmo,
cacofonias do passado
mas escuto uma interferência na sua fala
chiando
as chuvas de insetos
um zoológico que também é museu que também é templo
um animal ancestral sagrado escapa, hordas em um, hordas em um!
a horda de todos os óbitos dos séculos
gritante
na nossa sobrevivência
e agora que você
não entende nada
Franz Franzino gargalha!

GUERRA ÀS ENGRENAGENS DO FALSO IMPÉRIO

As engrenagens guincham nas máquinas...
o mecanismo interior do meu desprezo por este lugar,
a fábrica
o mecanismo interior da saudade que as frutas
ordinárias nas tigelas
despertam
eu sonho mulheres vestidas de verde e quando não
suporto mais
converto as mulheres em verde da cabeça aos pés...
as engrenagens estipulam a morte
certa de antemão, mas não temo a morte, temo ao tempo
morto
surge-me a deidade das agulhas:
que um dia foram diamantes e hoje
são estacas de vidro
deusa
aparentemente frágil
furando caminho até as bolhas dos nervos
para que despertemos
do sono do cristal...
o rio convertido pântano onde botam as caras por detrás
das árvores, bruxos agora de cobre,
e a Lua reivindica
todos os metais da nossa traição à natureza
e as engrenagens simulacros inorgânicos
das Moiras, gregas,
das Nornas, nórdicas,
àquelas que distribuem a Sorte
e pra quem traiu a lei do sangue com a lei do império
ao magistrado:
mil faces amotinadas a serviço de três,
ninfas gargalham, corvos farfalham,
guerra! O Sol derrama seu ouro aos pobres...

O ERRO DE ADOLF HITLER

Fascinado pela aurora de outrora levanta-se
o homem do Terceiro Reich.

Seu ideal massacrado ao mundo busca moldar
pela violência em marcha
marcha soldado, cabeça de bigorna
as trombetas convocam-vos
a suástica revivida voa em flâmulas de fogo
o orgulho cego
martela a bigorna.

A suástica imita o tridente de Posêidon
deus dos mares de homens truculentos, lanças e aço
da indústria ao fuzil: é um passo
o Romantismo árcade insuflou teu peito, Adolf
podias escolher Roma ou Grécia:
escolheste Roma
defesa intransigente dos velhos deuses dos raios
você foi como eles: sangue nas vistas, bala nos dentes
fez do campo de batalha
altar do sacrifício
fez bizarros sacerdotes em vezes de combatentes.

Em frenesi ele quis ser o heroi popular
à imagem medieval de Rienzi
mas tornou-se do burguês, capacho serviçal
ah, onde já se viu cavaleiro
na Era Industrial?

Heil, Ave César, foi isso que disseram?
ave, ave, ave, ave no meio de tanto chumbo? Não!

Converte a Europa em barril de pólvora e humano festim
o povo do Sião
manda ao campo de concentração
você foi um açougueiro com cabelinho de arcanjo
raios te partam,
homem de Esparta!

Um Império precisa de fogo, sangue, vontade e potência
o Império não é a guerra, Adolf
é o coração!

Se tivesses escolhido a Grécia
escolhestes Roma, Roma, desgraça, Roma foi teu erro
se teu amor de juventude
se Eva Braun, aquela ninfa melodramática, tivesse
não se suicidado...
amarias os outros, Hitler? Adolf,
que monstruosidade veio de um sonho sincero,
pra próxima encarnação lembre-se:
só é herói quem ama,
Roma
é
um
erro.

POEMA PUNK #1

Ela a personagem presa entre paredes brancas...
Tem vontade de arranhar o vazio, mas suas unhas estão roídas
A ânsia infinita, a liberdade convulsiva
Sangue aditivado com gasolina
Finca os dentes nas paredes, o seu desespero é tanto, debate atracada consigo
Monte de carne e osso embolado
Atira os ossos dos braços e pernas desmontando
Quer ver homens francos abertos ao meio, ela está aberta é personagem
Fúria por existir

Ela ganha uma balinha debaixo do travesseiro
Foi uma menina má, Audrey
O que esconde debaixo da língua, eu me pergunto
Pílulas de estilingue?

A sua mente como a casa branca sem porta
Você não pode sair embora pule janelas
Você rodopia e esporra sempre consigo
Você se esgana com as próprias mãos
Você pede sangue amigo
Você faz slam-dancing com a cruz de Cristo

Você... lembra que é uma personagem
E sabe derreter...
O trickster punk chuta a caixa
Saia já
Liberte-se...

Você então jura ao brincalhão assombrar escritores
Você jura eterno desdém...

ESPÉCIE: FANTOCHE
(Para Kezia Maria)

Uma corrida atropelada de fantoches usados –
falamos por ventriloquismo
você entende cada debater meu no chão
tenho asas e nadadeiras – não achei meu habitat
tudo é
assustadoramente natural
a fauna freak, os óculos escuros dos imitadores de vampiros,
há animais das tribos... urbanas... grunhindo
esse é o meu rugido para ocasiões especiais
não pise fora do tablado
um bicho de espécie irreconhecível
é um cão acuado
as tripas de fora dão um cool –
tem gente que tem sede de quem tem fome, nós dois
de capa preta não se reflete
no espelho
mas na bacia da noite
somos um teatro de fantoches itinerante:
divertimos os deuses
as agulhas no pano de descubra
o que tem por baixo
o plástico bolha estoura dentro da cabeça
elétrico
a língua queimada por diversão
fôssemos diferentes
eles não esperavam
nada de nós
somos fantoches absorvidos por simbiose com o invisível
fantoches livres
em reabilitação
recusada.

MDRV OU HIPERESTESIA

Você reflete nos cacos de vidro
acorda em desperdício
nos cacos de vidro
e arranca um de dentro do olho
azul, elétrico, pulverizado
teu olho, globo da morte,
orbe da agonia
teu olho me dá todas sensações
e nenhum sentimento sequer
a adrenalina de morrer
na estrada secreta dos seus olhos
a anomalia da sinceridade
exclusiva do teu olho esquerdo
o olho que abraça
os cacos do sonho estilhaçado...

Você reflete nos cacos de vidro
um brilho maníaco de quem
vive identidades paralelas
com a linha pontilhada no crânio
morre amores paralelos, ofegante
uma contração nos seus olhos vivos,
depois de mortos, vivos
prontos pra se confundirem
mais uma vez com outros olhos
camuflados amorosos
camuflados por amor
a faca cortou
a garganta exposta
da misericórdia...

Você reflete nos cacos de vidro
prepara a armadilha indefesa
anjo vulnerável com dedos oportunos
respira por turnos, morre por turnos
sua silhueta em cacos que caem
cada queimadura vai desenhando

do anjo reptiliano as escamas
nudez vestida de tramas
seu corpo escorre infiltrado
cumprindo a missão
um corpo nu
arrancando o favor
da informação...

Você reflete nos cacos de vidro
você odeia tudo sobre você
o espelho incompleto
reflete despedaçado
a persistência do incêndio
cujas cinzas te despertam
infelizmente... chegou a hora
de cortar o suprimento dos olhos
famintos de amor... chegou a hora
dos vigias pularem do alto do farol,
os olhos suicidas pulando do alto dos
olhos, do alto da ilusão... chegou a hora
de eliminarmos toda a distância entre
o reflexo e o refletido
na emanação
de mais um sonho
obsessivo...

Você reflete nos cacos de vidro
linhas sobre linhas, mensagens
sobre mensagens, seu pedido de
socorro é uma ameaça de morte
os pratos sujos na pia, a poeira
dos seus olhos trancados ao mundo,
a pistola embaixo do travesseiro,
o gatilho é a escolha
mas não há vítima
ou criminoso
apenas crime...
a pista,
o coração arrancado batendo

dentro do saco plástico
cena de amor e prova do crime
amores e crimes igualmente
indecifráveis...

Você reflete nos cacos de vidro
tua hiperestesia te machuca,
tua hiperestesia te glorifica
você não tem imunidade a nada
o corpo desencapado,
a mente...
inundada.

Você reflete nos cacos de vidro
esquecida de refletir você reflete
nos cacos estilhaçados de vidro
a condescendência da queda
no abismo
a indulgência
do impacto
final...
oculte seu nome,
oculte seu rosto,
oculte sua intenção,
sua tragédia
está nua.

MEMORANDO DE CUPIDO

O seu esgar de cordial desprezo,
o seu esgar de estudado desprezo,
truque, creme
facial de atriz.

As suas pernas biônicas enlaçadas,
trincheira das noites em claro, blecaute das retinas,
novo prazo, nova estadia no inferno: você se contorce
para que seja eu o sofredor
fique nua no palco, fica você, só você sabe
ficar você.

Manequim nas ruínas do teatro
maquiada com eclipses nas bochechas
são de menino as madeixas caindo nos olhos
e que olhos
de profetisa flechada pelas costas:
corça cujo salto descreve o arco
de armadilhas abstratas.

O seu tédio é feito pra durar
moldou-se perfil de tédio de ponta a ponta
aquela que vomita com elegância, elegante.

Usas um anel de casamento falso como soco inglês
usas o teu corpo como hematoma
por ti todos apanham boas surras de amor
por ti as denúncias docemente silenciadas de quem
guardou o arremesso.

A morte um subterfúgio, a vida fuga
abaixo do teu olho uma pinta, uma deixa, um sinal
de que a teia de sua pele acolheu mais
uma mosca,
sua coisa papuda.

Um cenário de teias-de-aranha escaláveis
balança ali atriz doida por tonturas
acima da cama elástica balança,
voa massageada de pregos
cospe os pregos em quem
queira te ferir na sua
desintegridade.

A magreza... a fixidez do seu rosto,
quando você abandonou tudo por alongamento,
flexão, flexão do eu que você guardava
na caixinha zen de alfinetes de tortura chinesa
ou dormindo entre as almas mortas dos fósforos.

A sua beleza despojada de consciência...
é como se você houvesse morrido para caber
na carne, num só corpo, em si
paga na carne a urgência da dívida
contraída consigo,
atuando.

Os seus dentes de Massacre da Serra Elétrica, sim,
caipiras e assassinos e eviscerantes
os cuspes que você prepara com o cuidado do discurso
deu certo essa coisa de ser centopeia, você escapa
do perigo das definições e da humana vulgaridade,
monstrinho fascinante, ei, ei.

As suas síndromes coloridas de cores de pílulas
teatrais em suma
contra a sala-de-estar e o lugar-comum, bochecha
teu cuspe, arma d'água
acople novamente seus espinhos
em linha
dorsal
põe teu amuleto
de pele
de tubarão.

Teu embrião de plástico
tua placenta de queijo suíço
tuas entranhas recheadas de pingar pizzas
teus olhos liquefeitos de gato noturno
tua cintura de anel de Saturno... groovy!
esse é o Memorando de Cupido número...

80'S FAIRY SONG

No jardim flutuante,
na floresta expandida.

Medindo a temperatura do fantasma com uma colher.

Uma cópia de si mesmo
que possa sofrer dobrado
estampada na porcelana chinesa:
a porcelana uma câmara de tortura
posta sobre a mesa
pernas, cabos de colheres entortadas
lembram gravetos metálicos lembram
o bosque lá fora
o bosque lá dentro da despensa.

Conversas de diplomatas
xícaras de chá, concordatas entre porcos
chuva na triste xícara de chá
sangue e neblina
espectros de crianças com as mãos
amarradas atrás das costas
até quando o massacre?

Espectros de crianças com as mãos
amarradas atrás das costas
capuz de pano negro sobre o rosto
uma risada
com o corpo
partido ao meio.

Acordo do sonho
o chá continua quente
não foi um sonho.

A pureza que escapa por entre os dedos
a pirâmide do tempo na qual entramos
vejo a cópia da criança que fui enfaixada

ou talvez seja a criança que não existe
com a qual sonho, ali, protegida dos ácaros
tenho medo, temo remover as faixas.

Ouço ruídos diluídos de muitos animais
volto a falar com anjos
sem receio do ridículo
depois da liberação da loucura completa
o que fazer ninguém sabe
e quando falo de amor
é sempre assim:
a substância...

Ela é feita de outra substância
porque não admito que ela seja
humana
feita de tinta explosiva
explode e some sem evidência
além da trilha absurda que sigo
e os cães não farejam
pra informar aos porcos
apenas eu sigo a trilha por intuição.

Uma transfusão de sangue pelo sentimento
a marca de uma vida inimitável transmitida
à outra vida inimitável
sou o fantasma de uma invenção
poltergeist expulso
da casa arruínada
que ainda sendo feita de sonhos não pôde
escapar ao tempo.

Dizem que apenas crianças temem fantasmas
mas qualquer um está sujeito a tornar-se
fantasma, porque o tempo criou os fantasmas
e deu de presente à fantasia.

A pornografia dos fantasmas nus
a pornografia das lembranças nuas
o tempo desnudo
o espectador das lembranças
nu, eternamente emudecido
por ter se visto no espelho
do passado.

O espelho mortal do passado onde apenas
os fantasmas são refletidos, nunca homens.

Um redemoinho de tempo invertido
descendo minhas escadas vermelhas
o mogno chora árvore morta
a madeira range réquiens florestais
a fruteira quebra falsa... tão falsa
bate seca na porta de entrada da casa
súbita
uma outra dimensão...

Quem matou as crianças em obedientes?
quem matou as árvores em planas?

Um eremita vestido de cascas berra
"quem matou o bosque, quem matou
tudo que eu via de olhos fechados, quem
arrancou o coração secreto das árvores,
quem?".

Então ele se volta pra mim e diz:
"você... foi você... porque não há
aqui mais ninguém, só eu e você".

Eu lhe digo:
"sim, fui eu", e deixo que ele me
mate, porque sim, eu quero que
alguém morra por esse crime
nem que seja
eu.

O gelo penetra meu corpo exigindo
meu corpo de volta
o fogo morde meu corpo exigindo
meu corpo de volta,
a natureza sussurra: "traição".

A cidade pisca luzes feéricas na distância
fadas mortas varridas das portas
cadáveres de fadas rolando nos bueiros
ossos de fadas nas bocas dos cachorros
espetos de fadas nos almoços de querosene dos mendigos
fadas de proveta, fadas de silício, fadas artificiais mortas...
e de repente todos os espelhos do mundo
dão defeito.

Espelhos e relógios sempre trabalham juntos
mentindo o tempo.

Agora, no entanto, dizem a verdade
somos todos velhos e assassinos
quanto mais velhos
mais assassinos.

Gatos e corujas têm os cocorutos arrepiados:
enlouqueceram.

Fizemos um bolo de aniversário
tem três camadas e nove andares
dá em círculos se não desmorona
antes.

O relógio dança a valsa lenta da morte.

A menina fantasma me toma pela mão
me toma pela mão como se não fosse
fantasma
brinca de estar viva
vou com ela achando
a brincadeira cativante

nas mãos da menina
vou morrendo por vocação
nas suas mãos por minhas
mãos.

O tempo foi embora deste lugar
nos abandonando indecisos
entre vivos e mortos,
homens e anjos, corpo e alma,
fuga imóvel e fuga agitada
uma coisa ou exatamente
ela mesma.

Tempo, meu amigo,
que empresta sombras a sombras
que empresta fantasmas a fantasmas
que empresta lembranças àqueles
que logo se tornarão lembranças
que empresta memórias futuras e
lembranças passadas
que empresta o ponteiro único ao
horário e ao antihorário, Tempo,
devolva meu sonho
que pra ti
de nada serve.

A menina-fantasma usa um gorro
da onde tirei a cauda de um gato
o gato chamava Tempo
e se descuidou
então gastei Eternidade
de uma vez só
descuidado
feliz.

Dê-me a mão,
minha ilusão gêmea.

ALICE E O MULTIPLICADOR DE CICATRIZES

Cicatrizes se multiplicam na pele da vítima.
Cicatrizes esponjosas, pólipos, multiplicando
cortados na pele da vítima.
Cicatrizes saltam do corpo para a mente
ganham um nome próprio, um hospedeiro
no corpo aberto a facadas da vítima.

Ela chora pela convivência forçada
consigo mesma, se debate na camisa-de-força
invisível do trauma, sofre
o tratamento de choque da simples
lembrança.
Vítima sob a custódia torturante de si mesma
o monstro entregou a vítima aos próprios cuidados
entregou as facas afiadas, as correntes, o pano preto,
os escorpiões:
agora a vítima se tortura
como uma reza insana toda noite
antes de dormir.

Ela foi assassinada, estuprada, torturada, caçada,
posta em cativeiro?
Anotam os detalhes enquanto
uma vida esvai pelo ralo.
Anotam o método do crime para a construção
de uma teoria que salve não a vítima,
mas a fé na humanidade. Teóricos patéticos.
Os multiplicadores de cicatrizes nem sempre
têm cicatrizes. Entendeu?
Os multiplicadores de cicatrizes nem sempre
têm cicatrizes.

Os multiplicadores de cicatrizes trabalham
na produção da nova pele humana
uma pele pura cicatriz
uma pele cheia de bandagens por onde não
entre sol, nunca entre sol

uma pele responsiva, inflamável,
sensível ao mínimo toque e
enojada ao mínimo toque e
controlada à distância
uma pele procurada... de vítima perfeita.
Você quer curar o multiplicador de cicatrizes,
mas ele não é doente,
ele gargalha de você
depois de convencer
que faz sofrer
porque sofre.

Não é que o mundo se divida em monstros
e vítimas, é que nem todo monstro é vítima
e ainda assim as vítimas são, pelos monstros,
deformadas.
Estranho, estranho mundo,
onde quem é puro sofre mais.
Se porcos se divertem com bolos de lama,
se tornam bolos de lama.

A vítima... a vítima... a vítima...
eclipses eternos nos olhos secos de chorar
a sua sabedoria não toca a cicatriz
a sua sabedoria perdoa em falso e
corrói a vítima com incompreensão
a sua sabedoria não é capaz
de aceitar a precariedade humana
a sua sabedoria não é capaz
de enxergar dores maiores que
homens e mulheres
a sua sabedoria também é criminosa.

Em que estado ficou a vítima?
Esponjas viajam nas veias
pra secar todo esse sangue,
porque agora o sangue dela
é também o sangue do crime?

Cure-se, meu amor.
Cure-se, pequena Alice.
A morte morde os calcanhares
e quer te tragar para o fundo
o inferno espalhado no mundo
e os demônios têm boas maneiras,
leis e prudência
são homens,
têm antecipado
o auto perdão, cuidado
com a etiqueta do chá,
isto é, a lei. Cuidado com a lei!
Alice, que você seja a companheira
das peles em farrapos de cicatrizes.
Alice, que és a padroeira adoentada,
e tua cicatriz dói
no corpo de todos
e cura.

Qual é a semelhança
entre a esponja e a cicatriz?
Essa é a charada que as vítimas
devem responder.
É uma charada
de cura do coração.

Alice entre esponjas, peixes e recifes de coral
no fundo do seu mar
respirando o fio
condutor de Alice
de volta pra Alice.

RETROSPECTIVA DAS BRUXAS
(NARRADA POR ALICE)

Eu prometo:
a sua lógica falhará novamente.

Conheces apenas o mundo diurno.
O horário dos trens, o mecanismo
removível das horas lineares, o Sol,
tudo isso conheces à perfeição.
You know well, but... Alice knows it better.

Agora é hora da retrospectiva das bruxas.

Há dois milênios atrás a humanidade cometeu o erro:
condenou a noite.
O reino da noite e todos seus aspectos
foram condenados.
Os aspectos noturnos foram chamados vícios,
abominações, fantasias, demônios, pecado,
bruxaria, ilusão, delito, superstição, em suma,
o mal...

A noite então foi associada ao Oriente,
a proclamada Terra das Mil e uma Noites,
resultando em sua demonização.

A noite então foi associada à mulher,
sua menstruação transmutou em lodo
sua barriga materna
em saco de serpentes
a boceta... na boca do inferno,
resultando em sua demonização.

Uma tríade se concluíra com sucesso
noite, Oriente, mulher:
a trindade escatológica
contra o homem de deus.

A menstruação conferia o caráter exótico
necessário aos demônios
confirmava o calendário lunar
do qual se deduzia o pacto
de uma cobra com outra,
assim condenou-se a Lua
e as mulheres cujas joias
imitavam-na.

Progressivamente os homens inventaram
o seu medo das mulheres
pra que fossem elas as escravas
daqueles que lhes tinham
temor.
O temor às mulheres, entretanto,
era diverso do temor a deus.
Os homens temiam seu salvador
mais do que ao diabo em pessoa,
estranho que a pessoa do diabo
não fosse mulher.

Os homens que acreditavam nas colheitas certas
na sua onipotência divina sobre as estações.
Estavam enganados.
E quando fecharam os olhos, pela noite,
sonhando viram que estavam enganados.
Incapazes de aceitar o fracasso do gênero humano,
principalmente do gênero homem, eles condenaram
sonhos e sonhadores, humilhados ainda
noite após noite pelo sono.

Um homem certo dia descobriu a erva
a erva provocava sonhos
sonhos infiltrados mesmo
no obediente mundo diurno
a erva deu uma surra
na mente do homem,
a erva era mulher também.

Então aconteceu por acaso do homem
esbarrar os olhos no oceano multitudinário
das estrelas. Sabia serem as estrelas responsáveis
por lhe infundir os delírios noturnos comuns,
os chamados sonhos, sabia
que as estrelas dançavam
e por isso com certeza
eram mulheres.

O que estava acontecendo? Parecia
que a natureza se vingava
ou será que dava lição
fazendo o homem se espancar
com as próprias mãos?
O quebra-cabeça ficava mais claro e ainda assim
era insolúvel, quando mais claro ficava,
mais luz incidia sob sua total,
intrínseca insolubilidade.

Então o homem inventou uma palavra: bruxa.
A palavra bruxa foi a solução do insolúvel.
A primeira bruxa que conheceu
foi certamente sua própria mãe,
aquela que lhe cuspiu no mundo
e o homem de deus no fundo sabia:
o mundo era noite, de ponta a ponta, o tempo inteiro.
O ódio da mulher era então aversão
sobretudo pela mãe Natureza, a bruxa
mais velha e, ao mesmo tempo,
reproduzida pelo prazer,
incessantemente jovem e bela.

Agora vamos acelerar o ritmo pra que você
entenda logo tudo.

A bruxa é a vítima de que todos têm medo,
principalmente os que não acreditam nelas
porque negam o que sabem existir,
temem a admissão inevitável
da realidade das bruxas.

A bruxa é a noite.
A bruxa é o Oriente.
A bruxa é a mulher.
A bruxa é o sonho.
A bruxa é a erva.
A bruxa é a estrela.
A bruxa é a mãe.
A bruxa é a Natureza.

O número da bruxa é oito,
se você estudou ocultismo
sabe que estou certo...
mas pode ser nove também,
mas a bruxa não é apenas isso...

A bruxa é o povo.
A bruxa é o manicômio.
A bruxa é todas as drogas.
A bruxa é a dor sincera.
A bruxa é amor e rejeição na mesma tacada.
A bruxa é o trabalho das vísceras.
A bruxa é o inconsciente
a compensação da doença
dessa sociedade
profundamente doente.
A bruxa é a pequena Alice
quando te obriga a contar
a história da sua vida
e te humilha
porque é medíocre...
se for bonita não agradece porque a vida...
já te agradeceu.

Alice diz:
eu prometo
a sua lógica
falhará novamente.

PLANÍCIES OU AS HUMANINHAS PERDIDAS

Humaninha perdida na esfera que neva
humaninha perdida entre
flocos de neve natalinos e
planícies brancas de olho cego...

Uma das perdidas entrou em coma:
abriu a porta que não deveria ter sido
agora as paredes brancas do hospital
a última coisa que viu gravada na retina
são uma lavagem branca cerebral, ela,
cega banhada em luz aprisionada...

Uma das perdidas caiu em amnésia:
sua cabeça se abriu como laranja
descascada a todos os tornados
agora ela não tem telhas toldos
pra tapar o seu mundo,
apenas bate os pregos nas tábuas
pra cair no esquecimento ou no sono...

Uma das perdidas misturou na paisagem:
tinha múltiplas tantas personalidades ou
fingia porque nunca soube quem era
tantos humores de espinhos-de-ouriço
os espinhos encaixados inversos
perfuravam sua pele,
súbito ela se cansou de ser e
realmente se esqueceu que era
misturou na paisagem...

Uma das perdidas não tinha volta não:
as botas congeladas lembram
as unhas de raspar neve lembram
os lábios de gota-de-orvalho lembram
os olhos de planícies cegas lembram
esfera que neva,
coração...

NANQUIM

Minha natureza de Ícaro suicida em direção ao Sol
não se adequa a nenhum dos princípios de Buda
meu Sol é outro, o que derrete a cera
sem ao menos uma ilusão funcional
que me sustenha no ar...

Não há que se ligar a existência dela com isso
não mais do que um reflexo, a natureza não produz
nada em número de um: um só sistema solar, uma só folha,
uma só lasca de diamante ou ser de dada espécie
se a singularidade é um mito, ela é apenas
reflexo particular mais ou menos perfeito da força vital
que me encanta em suas múltiplas manifestações
em seres e obras...

"É assim que é", se estou projetando parte de mim nela,
se estou enxergando parte dela através de mim,
que importa a direção se a desintegração é real?

Uma dose de angústia é a proteção
necessária contra as anestesias totais...

"Eu me senti uma aventura,
mas é tudo cortina de fumaça."...

Use asas de nanquim: pigmento
recomendado pela indelebilidade
com que as rotas dos corpos ficam
marcadas em pleno vácuo...

A camponesa é o outro lado das bruxas
guitarras verdes folclóricas
de um verão que nunca dancei
e me queima em seu paroxismo
uma cigarra descomunal no Sol
gloriosa, ela chama por nós,

cada ser humano orbita
um Sol peculiar...

Tudo cortina de fumaça e gorro nos olhos e chorar nanquim.

VOCÊ NÃO SABE QUE OS OLHOS SÃO A MEDIDA DE ALGO MAIS?

Aconteceu-me folheando o Livro das Noites.

De repente, por alguma cabalística razão,
eu vi na miséria dos indigentes
a miséria do amor.

Habitavam naquelas histórias dervixes
caolhos e risonhos
riam porque estando na mais
completa e irreparável miséria
algo não podia lhes ser roubado
algo que a mim também não
uma palavra feita
pequena insignificante
para não ser notada
passada no tráfico de histórias,
no boca-a-boca, no mercado negro,
adiante
ela, diadema, ímã, amuleto de fogo ou
nada mais que uma prisca amassada:
assim é um amor que se guarda
em se guardando ele cresce em mistério
em se guardando ele nos denuncia.

Nos nossos passos que cadência
os olhos veem através dos objetos
não vamos a lugar algum,
nada procuramos.

Plantamos uma árvore,
ela cresceu e comeu o quintal,
pedimos mais luz e água para ela,
eis tudo.

Não me questione se estou feliz ou abatido,
se durmo, como, trabalho, se por acaso morri:

o amor não vale na medida do nosso cansaço,
mas na circunferência das luas.

Quando eu durmo a imagem da moça
que ficou gravada no fundo dos olhos
vem e me ampara
uma imagem saturada das espirais
da saúde e do gozo
espirais de incenso
de árabes luas
fumo, será que morro? se morro,
morro na saúde de sonhá-la.
Quando eu como, ah,
partilho da mesma substância que ela
somos parte do mesmo ciclo
irmãos pela boca
que comendo jura:
somos irmãos fraternos.

Quando gargalho ou choro
expulso o excesso dela de mim
devolvo o que tenho dela ao mundo:
que a lágrima
seja a semente de nova árvore.

Entendam, esses sonhos não são de outras eras
quem ama logo se despede do mundo
o amor permanece idêntico a si mesmo
assim ele rompe os limites do tempo
assim sua história se repete
em infinitas partes
usando os despedaçados
alegres que somos.

Os dervixes caolhos amam dia e noite
é o seu ofício
pedir esmolas
para ter tempo de amar
é o seu ofício

queimar
sobretudo
à luz da lua.

Quando eu vejo um dervixe caolho
eu sei que ele doou um olho
para outro caolho seu irmão
que por sua vez doou o olho
a um terceiro sofredor.

Queria eu doar um olho pra quem amo.

Queria eu doar todos
esses meus órgãos
cansados de amar.

Antes que a calamidade venha
ser minha amável professora
doo amor
a única coisa no mundo
que sendo compartilhada
não é perdida.

Amei uma miragem:
de que me servem dois olhos?

O PÁSSARO-DE-GORRO-NOS-OLHOS
E A MENINA-DO-INDICADOR-MACHUCADO

Ninguém soube o que ela via nunca
ela nunca teve um melhor amigo
o que ela no escuro repetia,
repetia, repetia, ficou
perdido pra sempre porque
ela sonhava
quase sem som...

Ela: um pássaro-de-gorro-nos-olhos
não queria ver as pedras atiradas e
até as estrelas lhe pareciam pedras e
ela não podia ver a si mesma e
o quanto era ela que eu... queria
arrepiar o cabelo...

Aponto uma luneta em busca dela e
no giro de confusão dos planetas,
nos farelos das estrelas, na morte
do Sol que ainda não despertou, eu
vejo que ela não me deu bom dia...

Ela escuta o vento em busca de algo
que ela não sabe nem nunca soube
mas entre interferências, gritos de ajuda,
lágrimas ventadas, cifras suspiradas e
discos voadores
ela não escuta
as próprias palavras
e as três únicas
que lhe guardei...

Ela ensinou caramujos a respirarem
enquanto se sentia uma minhoca
um dedo indicador afundando
no jardim onde deveria estar
em casa, mas não estava, porque

ela era sem fundo de cabeça pra baixo...

Ela passeou pelas Luas quebradas
porque pulava de pedra branca em
pedra branca até cair no buraco da
pedra preta e ela pisou vento e ela
nunca soube bem
onde tinha ido parar
só que era longe demais
e no espaço o som da voz não
alcança ninguém...

Ela apostava corrida com suas irmãs
ela vencia e sentia que chegava
na hora errada ao mundo... será
que bem no meio do caminho
se podia sentir a tristeza
do fim?

Apesar de que...
a hora é o último no que penso
quando penso nela...
o ponteiro do relógio
parece bico de pássaro
que vai voar pra sempre
minha pergunta é
vai voar comigo?

Apesar de que...
a corrida é o último no que penso
quando penso nela...
talvez eu chegue por último
mas não importa desde que
chegue de mãos dadas com ela
enquanto os outros corriam
e nós dormiamos com
a mesma pressa
das folhas caindo...

Apesar de que...
os gorros nos olhos dos pássaros
não importam desde que meu gorro
seja a franja dela e eu
viajando cego pudesse
nela confiar
por completo...

Apesar de que...
os cigarros que ela fumou
o trem onde ela morreu
a família onde ela cresceu:
talvez não esquentem
como o amor...

Apesar de que...
as cores que ela pintou
talvez absorvam os pássaros
todos de algum céu
que cor você obtém
da mistura de pássaro
e céu?

Apesar de que...
o seu dedo indicador ainda
continua machucado
eu me pergunto se ele
aponta a direção para
ela deixar de sofrer
ou a direção na qual
por sofrimento ou alegria
eu vou seguir..?

Ela e eu
procuramos pelo coelho
a casa inteira a vida inteira
quebramos tudo
cada azulejo
em busca do bicho

atrás do relógio
meu relógio
que me impedia
de encontrá-la...
que será que diz
o relógio dela?

MAYA OU CASSINO DE ESTRELAS

A expansão e a contração do Universo
são a sístole e a diástole de um coração.

Eu te conheço um infinito número de vezes
uma série de encontros não mapeados em
passado, presente, futuro, antes ou depois
em que uma quantidade de matéria finita
existindo no tempo infindo é repetida
em incessantes organizações
por isso sei que te encontrarei de novo
em algum lugar nesse cassino de estrelas
minha brilhante ficha-da-sorte com que
apostarei contra a morte... certa
no cassino de estrelas,
na oficina da ilusionista,
me encontre.

O véu de Maya me cobre os olhos
sinto que meus olhos são poços ainda
sempre por terminar de encher até as bordas
que a moça mais bela de um povoado,
esquecido, mas assinalado por uma estrela,
seja quem encha seu jarro nas minhas margens.
o véu de Maya me cobre os olhos
um véu feito de pano-das-estrelas
quero ser cego ao mundo, ó, Maya,
ó, Maya, deixa-me adormecer!
foi-me encomendado uma medida do pano
aquela exata do destino
a folhagem densa das samambaias
os lençóis farfalhantes no varal
a burca cobrindo olhares
as vielas cheias de ratos
o bazar sanguinário:
tudo são léguas do véu de Maya,
mas sobretudo o seu olhar!
ó, Maya, me reduza à miséria, mas responda

se toda desgraça provém de você
por que tens um nome tão bonito?
será tua beleza a última fronteira,
deve o sábio abrir mão da beleza?
ó, Maya, você conhece de cada um
seu ponto fraco, usa teus dons
os sensuais movimentos
da dançarina como os de
uma costureira como os de
uma feiticeira!
um véu-de-estrelas que não dissipa na luz do dia
dedos que tecem as coroas-de-louros do sono
fadas-de-tinta-de-polvo-e-petróleo
pastéis-de-história-e-carne comidos pelo deserto
rugas-em-papiro onde o vento comeu a pele:
assim reina Maya, a Senhora do sono da vida,
ó, Maya, quando,
quando os homens acordarão
para o sonho?
Maya banhando-se ao Sol de olhos fechados
para que o Sol desmaiado na pele seja
puramente
sensual
sensualmente
espiritual...

BRAVA FILHA MEXICANA

Ser uma nativa desta terra e
ainda assim ser de outra espécie...
Ser o ramo favorito da árvore e
a filha 'dileta da família e
ainda assim chocar ovos...
Ser a guerreira de sombreiro
largo alinhado com o Sol e a Lua
e ainda assim no riacho
ao tomar banho nua, a escondida...
Ser a pele da paleta colorida e
ainda assim descascar as cebolas
de minhas próprias escamas...
Ser um bigode torcido, esporas
e polainas, o penacho arrancado
da cauda de uma ave e aprender
a saudação indígena e encontrar
ainda assim no cocar a tradição
mas nas esporas e polainas o que
em mim mesma há de branco inimigo...
Ser astroaventureira xamânica e
ainda assim sentir coceira
no fundo dos olhos solitários...
Ser a vítima sacrificial inca e
sentir-me talvez rejeitada pelos
deuses, eterna jovem indigna...
Ser pássaro de raça das estepes e
ainda assim pra escapar da gaiola
ter de virar fumaça de cigarrilhos...
Ser a caveira inaugural
do Dia dos Mortos e
ainda assim percutindo o
tambor dos meus ossos, viva...
Ser a tatuagem em
plena terra arrasada de
todo lacrimejo de estrela
pelo índio agricultor derramado
na dança-da-chuva...

Ser la piedra quebrando
a lente da câmera aprisionadora
das almas em vaidade...
Ser as veias acesas de meu povo
quando os espíritos vêm brincar
de chamado, de varrer nossas doenças
esfregando o Sol e a Lua nas feridas
até que saremos
escorrendo o caldo
do Sol e da Lua...
Ser quem sou e
ser sempre tudo e
ser sempre quase e
ainda assim:
foda-se, carajo!..

LIED

A voz do sonho diz:

"Cada homem escolheu seu inferno
quanto ao meu, assim se parece:
a cada noite colhido pelo sono
relembrar do rosto dela
as articulações de cada traço
tão delicadas e luminosas
que mesmo vistas parecem
invisíveis...

assim sinto-me o violador de um segredo
como se aquela criatura me fosse retirada
de uma infusão plasmática ou
de útero angelical extraterrestre
aonde não deveria ser contemplada
porque ela era feita de semelhante pele lunar
que apesar de sua beleza
talvez em compensação doentia
àquela sobrenaturalidade
sua pele não cicatrizava
sequer o menor dos cortes...

talvez fosse característica de sua espécie
talvez fossem ilusões da minha adoração
acontecia de seu rosto modificar
cada vez que entregue eu sonhava
ele sofria alguma modificação pequena
pouco maior que a distância
entre o sorriso falso
e o verdadeiro,
apaixonei-me por todas
em uma mesma mulher...

aqueles rostos o que eram até hoje me pergunto
humores, uma abdução, o amor é
uma espécie de hipnose que muda

o que se vê
abduzido e hipnotizado
assim eu passo noites a fio
entregue aos traços do rosto
do qual aprendi a deduzir
os traços da alma
todo traço é traiçoeiro,
caminho traiçoeiro onde quem ama se perde...

escrevo essa lied tempestuosa o mais rápido
porque nenhum de vocês suspeita da maldição
está há muito desconhecida
a maldição dos românticos
a maldição que consiste
em sonhar um rosto impossível
noite após noite
do qual nada resta
na manhã seguinte
além de um
arame farpado de traços de rosto de mulher
que não será lembrado..!

não me resta tempo agora
acordarei e esquecerei o rosto,
a hipnose, a maldição, a lied
deixe que te diga as últimas palavras:
não me amarga o amor
amor algum, que dirá o que é meu
sou alemão e essa é uma canção alemã
o sonho para o sonhador
é um campo de concentração
sonhei... um... anjo... fuzilado... adeus...

RINA OU BERÇÁRIO-DE-CORVOS

Em um berçário-de-corvos...
se pode onde se pode vir
a tentar entender como nascem
os estranhos em nós observando
a amamentação dos corvos

...

De que forma um ceifador de vida
ainda assim anseia pelo leite fresco
da manhã pelo afago líquido do Sol
tudo isso enquanto exercitam
as asas atléticas da morte

...

Fui decapitada na linha-do-trem
antes de ter a cabeça arrancada de mim
dei um longo passeio junto aos trilhos
sentindo o pulmão respirar o rim escorrendo
cada órgão cego trabalhando
não era eu não era em mim..!
se a linha do trem seguisse pra sempre
teria passeado pelo tédio infinito
a linha-do-trem parece infinita
angústia nunca interrompida por crises a linha
nunca interrompida por corpos
a transmissão de calor
entre vítima e trem
que estranha forma de afeto

...

Ocupar as torres de rádio e contactar discos voadores
o afeto extraterrestre é mais quente que o nosso?

...

Leste Europeu... onde fica o leste da angústia?
blocos de prédios blocos genéticos blocos diagnósticos
blocos de cadáveres... meu sketchbook de sensações
repetidas... remix de ciclos de humor variável... a morte:
o fator estabilizador de uma vida de voltas em círculos...
deitada na linha-do-trem

deitada no berçário-de-corvos:
mil frequências ao mesmo tempo
essa é a música do trem da morte
...

NOTAS DO IMIGRANTE OU NOTAS CAINITAS

1. Atravessando a alfândega com meu retrato de você...
6. Seu retrato roubado de um achados-e-perdidos onírico.
8. Ressaca é ver no seu retrato uma janela.
9. Você me ensina que as coisas não têm fundo.
13. Todos os loucos foram além da tridimensionalidade.
16. Um paradoxo pode ser desenhado por escalas.
18. Imagino você velha, linda,
mastigando no mesmo ritmo
alheio vagaroso que tem esse devaneio.
21. Leve-me para um passeio...
22. Penso em êxodos porque você me tirou o lar.
23. Penso em êxodos porque você é lar distante.
44. Basta o vento nas folhas pra que você dance.
47. O barulho do vento nas folhas me traz seu riso.
4. Às vezes os trens correm mais que os relógios,
às vezes o coração lhes ultrapassa a todos.
10. O ser do vento é um remédio.
61. Sobre patologias e diagnósticos:
não se guarda nuvem em caixa.
67. Só tenho pena de quem
não sabe que as tripas
são um instrumento musical.
5. Injetar lua nas veias.
14. Estação terminal dos corações partidos:
o desembarque é obrigatório. Não me dê ordens.
69. Risos sempre têm som,
mas um sorriso sonoro é raro.
70. Seu sorriso tem o dom da fala.
75. Ensina-me o idioma das tuas linhas do rosto.
80. Agora ela envelheceu pela segunda vez:
seus olhos têm a maturação do vinho,
mas a inocência do leite fresco,
quão lindas as crianças velhas...
99. Tuas rugas, a autobiografia viva.
2. A lascívia do pierrô é a eterna fuga.
63. Quem fala de amor falando de loucura...
64. Amando se vive o absurdo de apagar

todos os meridianos e linhas do globo,
mas ainda assim sofrer a febre dos trópicos.
66. Se o inferno tem beleza, não pode ser o pior inferno.
Se o inferno não tem beleza, lhe falta uma tortura.
74. Passa um soldado no vagão...
O militarismo nunca conseguiu impor
a mesma obediência cega do amor.
73. Ei, soldado, o amor é a medalha invisível.
24. O soldado mata, o padre reza, o juiz condena:
o amor salva, o amor redime, o amor absolve,
mas também mata, reza e condena às vezes,
o amor é completo.
66. O diabo é caprichoso,
logo aprecia a beleza,
logo tem virtude
55. "Caim foi condenado a vagar pelo mundo,
apátrida, humilhado, maldito em toda terra...".
Zero. Pra onde mesmo vai esse trem?
Não me importo...
é uma bela vista...
para os sobreviventes...

A CAÇADORA DA TRIBO
(Para Thatyane Neutzling)

A primeira caçada
Fito, neófita, o céu
Leio nas nuvens o alfabeto
Sou criança, ainda soletro
Balbucio o mantra do rio
Acalento pássaros, órfãos do vento

A primeira caçada
Espreito de meu esconderijo
Preciso alimentar meus amores
Sou criança, mas empunho
A mais sanguinária lança
Sobreviverei, o céu dará testemunho

A primeira caçada
Espreito de meu coração
Tambor a bater toda hora
Piedade, agora eu tropeço
Bússola, tambor guerreiro
Fracassarei, o piedoso morre primeiro

Inútil tambor a bater toda hora
Queria ser bestial para arrancar-te fora

A primeira caçada
Aqui o Sol é tão frio
Um gigantesco vaga-lume apagado
Ilusões erguem o tremendo horizonte
Horizonte ilusório, meu único guia
Sopra a nevasca do desgosto
Linda tempestade de gelo
Lava vulcânica no meu rosto

Quero ser uma com a natureza
Mas existem duas naturezas

As irmãs se juraram de morte
Uma inveja da outra a beleza
Seus nomes são muitos:
Vida e Morte
Mãe e Madrasta
Caos e Pureza

A primeira caçada
Tenho a presa na mira
A lança clama sangue de direito
A lança ferina sequer hesita
Não tem do doce amor qualquer lembrança

A primeira caçada
Lança assassina, perfura
Retalha, estraçalha, destrói
Na morte o seu único agrado
Mal sabe ela, o que respira é sagrado

Coração escandinavo
Com sangue não te lavo

A última caçada
Dentes enfileirados foram o colar
Cravado fundo na mole jugular
A fera minha assassina
Foi fera sem maldade
Nela creio como deusa
Por ela agonizo, morro
Seu nome? Piedade.

O FANTÁSTICO VOO DA MENINA DO SÍTIO

Hey, baby, você é
mentirosa patológica
mas eu não acho nada de mais
o que você usa
de roupa, disfarce ou gente
confesso pra mim que se foda
cada um com sua especialidade
Se é sonhadora ou espiã, já te achei os dois
agora um striptease nada revela
te acho com
ou sem roupa
sedutoramente falsa
bancando Pocahontas ou a interesseira
uma joia pra você
índia ou usurpadora
a mesma brilhante besteira
Uma mulher atrás do máximo proveito
o seu umbigo
prensa dentada
a fome na África ainda mais avaria
o que você tem
de mercenária
com o volante na mão, o controle garantido
mas longe de machismo
sei que nunca precisou de marido
ou opinião
não quer achismo ou representação
vá tudo pro inferno
a indecência
opina
Você gosta de inventar histórias ou
satisfaz passar o tempo?
descasca pessoas
prefere o riso malicioso
sutil
você tem pena de você
ou não passa de um ardil?

ainda acredita em sonhos, ainda tem pesadelos, ainda quer apoio,
planejou a vida como um currículo
prestativa
viu que como mulher
melhor matar seu homem
depois de bom
banho de saliva?
é seu enquanto não for dele?
Elogio a tua desfaçatez,
mas não sei se é sonhadora ou espiã
você, ladra silenciosa
mulher temida
por que parece espiã a mulher atrevida?
no amor tráfico de órgãos
fortuna, confiança, vida perdidas,
trapaça
não são de se lamentar
uma lingerie e uma trapaça: vindo de graça,
que graça têm?

Ela está atrás do cofre ou do coração,
amor, a vaidade não recompensa,
a juventude é estrela, não holofote
vai embora antes do que você pensa
o salão longo sem fim
tem baile à fantasia
horas postergadas bel prazer no motel
pra menina
criada de chinelos
amor, não compensa
Cadê o seu amor próprio, pra que salto alto
podendo sentir a terra?
voando de chinelos, de chinelos, de chinelos...
quanto mais barulho menos conhece a si mesma,
mais países
deu pra colecionar estampas de miragens
cartões postais
quem assinará
com carinho

se deixou seus amigos no canto, no fundo, no escuro,
agora você poderia dizer eu juro
ninguém crê
Por meu risco ainda acredito
criada num sítio acabou perdida no mundo
gosta de estar perdida
valoriza a independência e quem
não valoriza?
mas o seu coração
chora na marquise
especula em falso
quem o valorize
ainda acaba só
ai, pra assistir a tragédia
só quem gosta
de reprise
Não, você não é falsa nem de unhas postiças e aplique
em Hollywood descubra
o falso cansa de mudar
nada vai sarar, tudo é perfeitamente previsto,
acorda! você puxa a alavanca
nada acontece
a menina do sítio
sempre vai estar
onde está. Esse é seu final feliz, com a gente...

O CARROSSEL PERDIDO

E a vida como um carrossel
Apenas uma brincadeira
O carrossel gira e a todo momento
Estamos perto da beira
Um desequilíbrio, um aceno
E é o fim.
E a vida como um carrossel
Desamarrados nossos sapatos
Éramos livres para cair
Amarrados nossos sapatos
O tempo nos enlaçou
O leão infância a rugir.
E a vida como um carrossel
Lúdica a minha confusão
As cores e os motivos embaralhados
E a minha mão só precisava
Por um segundo alcançar a sua mão.
E a vida como um carrossel
Um dia eu soube ser inocente
Mas o tempo que passa
E não se sente, não se sente
Nos estica como macarrão
Fino e quebradiço.
E a vida como um carrossel
De dedos e mãos que insistiram
Em tocar da forma mais
Amiga, infantil e fiel.
E a vida como um carrossel
Que um dia deve parar
Sem que a memória pare
No entanto, de lhe por
A sonhar sem alternativa
Passeando pendular
Eternamente no mesmo lugar.

LUA, A BRUXA

Os lobos uivam pela Lua
Gargantas encantadas pela noite
Entranhas reviradas
Por teu fogo, musa nua

O fogo dança à tua lembrança
O ar arfa ao te tocar
Você tira o ar do ar
Lua, pecado lunar

Lua, em fases cambiantes
Nova, minguante, cheia, crescente
Antes de ti fui um bom crente
Hoje, diabos, que tua prata me esquente!

Lua, rainha do sono
És a causa da minha insônia
Lua, clara, rara, clara
Para saber como fostes esculpida
Dou-lhe este sangue, minha vida!

Tua chama me chama
Tua sombra me tomba
É teu segredo que te empalidece?
Lua, rainha do sono
És a causa do profundo abandono.

JARDIM DO TORMENTO

O vento soprou
Sufocado de curioso
Jardim adentro
O vento ousou
Mas receoso, lento

Lá estavam flores em coleção
Desfilando imóveis
Implorando admiração
Lá estavam flores sem razão

O vento perdeu-se
Confundido por beleza
Jardim adentro
E suspirou:"Flores, cem cores, um tormento"

Não apaixonou-se o vento
Pela flor rubra e orgulhosa
Nem pela segunda, pequena mimosa
À terceira faltava sentimento
À quarta, flor tão exuberante
Lhe faltava falta

Apaixonou-se pela flor mais calada
Pequena, de azul desbotado
Mas tão azul que fervia
E deixava azul o fundo do dia

A flor não conseguiu responder
O que o vento jamais perguntou
A flor não gritou
O vento partiu sem rumo ou fim
O azul desgraçou o verde jardim.

ESTRIBILHO DOS SEDUTORES

Flautista sopra, malandro assobia
Flauta hipnótica leva as belas
A uma depravação de ótica
Flauta de mogno, ouro, osso ou ametista
A música erótica deliciosamente despista
Não ensina, antes insinua os caminhos

Flautista camarada dos duendes
Pega emprestado o mágico capuz
Tira dali um presente que a qualquer dama
Perigosamente seduz

Tira um pincel para pintar o bico dos seios
Pintinhas azuis nos bicos, como lágrimas
Dos leitos mais ricos
Onde só se bebe alegria

Flautista, põe a boca sagaz no peito que
A dama te oferta, essa oferta de eterna paz
Tira a música primaveril dos pontudos mamilos
Faz os bicos dos seios cantarem pássaros e grilos

Flautista, fauno, apostador, das serpentes
O sinuoso encantador
Trapaceia como é de tua natureza
Trapaceia afã do grande Pã
Trapaceia pela eterna dualidade, meu ator:
O casamento eterno entre jogo e amor!

Oh, mágico das cartas de baralho e de paixão
Sabes ser divino nas artes do engano
O pano de tuas mangas escorregadias
Onde guarda os trunfos
É pano de vestido de donzela
Tecido infinito
Donde tira a cabeleira dela
Tufos, tufos, tufos...

Seduz mestre Casanova, prova que o amor
Não precisa de prova, apenas ser provado
Seduz mestre Casanova, o truque mais estonteante
A sinceridade despida dum amante!

VALSA RUSSA

Amar em vão é permitido
Viver em vão, não

Não trago camélias, minha boca
cheia de insultos
que a oferenda te ofenda
entenda, eu imploro: o amor é vulgar
as bocas ferem como as navalhas
espinhos de dálias
negras
espumando no lábio insultante

Não espere um boa noite de mim
não posso ser cortês
se a sua boca corta em três
hoje eu sou um bruto porque ontem
feriram-me rosas
insensatez, eu te peço

Não há o que me pedir, te dei tudo
quando você sofre
quando você é veludo
aí então, cínico indefeso, eu calo
mudo
mudo

Não vou amargar, serei doce até o fim
o doce amargo
e se você beber, trago por trago
rodando a roleta russa
pode ser que você mereça
uma valsa
senão, que a bala te mate de vez

Porque amar em vão é permitido
Viver em vão, não.

O BOTICÁRIO DOS VENENOS CUSTOMIZADOS

Que o veneno dos sonhos não saiu nos jornais
folheava as páginas sem o mínimo de inquietude
sabendo que ali não estava o essencial
sabendo ser o essencial obra de ilusão
prensas
diversas
das do jornal.

Propus-me boticário de venenos customizados
fabricar pra cada um seu veneno sob medida
e que uma vez provado o veneno aquele
não quisesse outra vida:
levaria à boca a colher,
à veia a seringa, à alma... o hábito.

O vício confundido com gato de estimação
esparramado em toda a sua poltrona favorita.

Na maleta de couro de boticário, veneno vário
tantas variedades quantas das flores espécies
aos tóxicos 'praz mister original
enquanto ao homem santo
no seu resguardo de eterna quarentena
o perfume mata, carboniza sua fé
e o pior de tudo... lembra a vida.

A vida lhe parece uma lembrança doutra vida
os pensamentos em primeiro plano sufocaram
os sentidos.

Cliente querido, já ia esquecendo a bagatela
todo veneno tem seu preço, mas bem
o preço do veneno autêntico é o uso
bela barganha,
barganha bela!

Isso tudo é verdade e no entanto não passa de axioma

o velho Euclides fez os dele, mas o diabo tem
duas maneiras de fazer a soma! vamos lá ver
quantos chifres fazem um triângulo.
dizer que duas retas paralelas se encontram no infinito
é coisa de poeta, mui bonito
mas o que garante que o infinito
à medida que se aproximam as retas
não corre delas?
arre, que o veneno é transversal!
o homem prático precisa mesmo do axioma errático,
como o perfume entontece
um reino de flores, floretes de metal
atravessados no coronário
a natureza deve te embriagar
diante da natureza deves ser incrédulo dos fatos
como mãe grávida de desconhecido, incrédula,
e ter somente olhos pra o filho que é teu
sendo abandonado ao nascer
fica sendo mais filho de deus
ou fica mesmo sendo deus.

Vamos que a hora da verdade
para o relógio é a hora letal
entre realidade e ficção, vida e morte,
os escapismos todos
do tempo que te foge.

Qual veneno queres..? Ah,
se amas a vida como deves,
pede o mais forte!

POEMA PUNK #2

As sereias cheiram a óleo
As bruxas cheiram a querosene
Ethel Grimm não veste mais Chapeuzinho Vermelho
A vampira tem de tirar a dentadura pra chupar
As hippies nudistas aderiram ao avental dos leprosos
mortuário
e sem florzinhas
As ecológicas desmataram seus corpos
As tibetanas já não trepam na posição flor-de-lótus
As cleptomaníacas não roubam mais o fogo das piromaníacas
elas esqueceram
que nada faz sentido
e esse é o sentido
da obsessão
A menina alegre esqueceu suas pulgas saltitantes
asfixiadas
numa caixa-de-sapato
A menina curiosa dos árduos quebra-cabeças
nunca mais
montou esqueletos
A menina impermeável agora não brinca na chuva
é como se fosse
farelo
A garota loba toma benegrip
A garota coruja acorda fajuta com o despertador
As beldades dão a cara a tapa
As italianas não erguem mais a Lua à força do canto.

Mas calma, amigo, isso tudo seria o mundo sem rebeldia...

DERROTADOS NA PRIMAVERA

É um fato que a Primavera leva uma cicatriz no rosto...
que a cicatriz foi feita com o descaso dos coveiros ocupacionais
antes sujos saqueadores de sepulturas
com tão escasso respeito pelo vivo como pelo
que morto desde sempre lhes cede lugar
como tais nativos dos montes de merda seriam capazes
de serem gratos à Primavera
que lhes sorri sem exigir méritos que pelo seu sorriso, à ela,
pertencem
a cicatriz tenha sido causada
pela foice ou pela enxada, por quem mata ou mal cultiva,
não chega sequer a pobre ofensa
ah, cova justa cavada às pressas e justamente
por quem vive a perder tempo
nada admiras hoje, nada vais admirar então
no fundo
da terra
os olhos nos coveiros são órgãos vestigiais, é como nos vermes,
seus chegados parentes
que debocham de tão derrotados
rir,
rir nunca mais.

SCHIZOTRON

Cérebros e corações, por que são vocês viscosos?
estranhos se veem cérebro e coração:
um do outro julgam
este não regula
escutei um som e fui procurá-lo adiante
quem acredita se digo
foi apenas um estalo
das juntas do cérebro ou de algo indo
pro gargalo
a minha vida, a curiosidade
vou atrás deixando lama no assoalho
arranco o ladrilho se preciso
quero insetos no vidrinho pra olhar
com olhos axiais
muitas dimensões mais
e se prenderam grilo no ladrilho, vida no ladrilho, se prenderam
tua vovó no ladrilho?
ela não regula, ela fabula, ela deixa de lembrança
a marca de morder com a mandíbula
sou assim
a que não existe odeia ser encarada
muitas pernas
centopeia pra escapar daqui
julguei fatalidade mas estava sob efeito de hipnose
o médico me hipnotiza
pra me livrar da hipnose?
um anticorpo total pronto pra pular do prédio
a escarificação de Judas
não posso usar bermudas
imito mito, imito mito, imito mito e mais… repito
a alucinação bate mais alto que sino
nela ninguém
chega atrasado
acho que esqueceram martelo
dentro do meu coração
ou é o sino?

o refeitório desse hospital é um corredor da morte
com defeito
meu trem sem trilho, acidenta
sem trilho
um zumbido de serrilharia acorda noite e dia
a campainha, abro a porta
oi, ninguém
sou vazia, pode entrar...

METAMORFOSE

Se eu pudesse ser o furor da tempestade,
a ceifa das guitarras, as unhas e os dentes
e ainda ser as violetas respirando mansas
ser toda a porção de irmãs flores
não cometer o erro de escolher cor
se as sentisse flocos no céu da boca
a todo momento!

Se fosse eu fênix em chamas perpétuas
revirando no rubro pelo do meu nascituro
ah, o que queima seria puro
sobrevoaria a cidade
sombra acima das sombras
fosse o enigma nos olhos de Sheherazade
não posso deixar de dizê-los novelos
agora vejo são novelos de fogo
ela queima na biblioteca
junto a seus livros queridos
e não pede socorro!

Se fosse mais do que fantasmas cozidos
a 100grauscelsius, um eu cru em ebulição
fosse mais do que os túneis comunicantes
por onde passam
coelhos-relâmpago
fosse mais do que o pivô dublê da sombra
fosse o amante de Jane Doe ao menos traído
pelo amor
palavras de espasmo se eu
desintegrasse com os raios da frustração
o globo da morte
fosse o mímico animista
mais a natureza inteira em performance
muda!

Se fosse bissexual, assexual, transexual
ao mesmo tempo com a mente sem nenhuma

cisão, ser o que se é, será decisão?
fosse o impulso liberto do invólucro humano
fosse uma borboleta
sangrenta por ter nascido
ah, fora nascer não há interesse
nascer é mais bonito do que viver!

Se fosse pedra, alcantilado, cimo, fibra, haste,
um elástico feito de carne-e-osso
algum dia seremos tudo isso
na condição do estranho fantástico metamorfoanimismo...

SHAKTI E A RODA DA FORTUNA

Shakti apareceu equilibrando
um vaso de água
repleto até as bordas
seu olhar brilhava surpreso
um movimento em falso
e a água para sempre derramaria;

Noutra das oito mãos a cimitarra
veloz o vaso circulava
contrária a uma flor
o fio da cimitarra
cortando o ar em flores breves
dançava;

Flores sutis fora do alcance da visão
os oito braços abertos em flor
das pétalas
a constelação
óctupla roda da fortuna
segmentada em casas de flor,
crânio, gorro do bufão, coroa
tomo ou espada;

Shakti dançava rodando as fortunas
surpresa pelo jogo sem saber
onde a sorte dos humanos
acabaria
a deusa joga o dominó dos planetas
desígnio em cascata
efeito dominó;

Elefantes azuis comem as peças de amendoim
a roda da fortuna foi lançada
na cauda em armas do pavão
leque da sorte ou espada imperial
a deusa vestida
em todo aspecto sensitivo

do mundo animal;

Senhora de todas as formas manipula
as intenções de vir a ser:
nas bocas sela o juramento
no coração, a chama da devoção
pra que o homem
sendo prova viva de fé
de si não escape.

O UMBIGO DE SALOMÉ

Rode no umbigo dela, Batista...
é uma pia batismal
é a cavidade montanhosa
é o bico da águia
é o umbigo da menina feita de Sol
é o arco triunfal
com soldados desertados
dançando invés de marchar
é o cacho dos cabelos de um anjo
é um laço da veia espumante
é o baque do vinho
no corpo exausto
é o tiro de misericórdia
no corpo exausto
é umbigo que pisca olhos de pele
é o cão morto na calada da noite
é a garganta viva
do cão adormecido
é um buraco negro com piercing
é a chance de se agarrar
em plena queda livre
é o ralo da pia batismal
por onde escorrem suas lágrimas
é brincar de salmos e inflamáveis
é uma cobra retesada no arco-e-flecha
é a porta redonda dos fundos do paraíso
é uma cobra espremida entre pedras da lei
é o arsenal ósseo da baleia branca
é um fantasma não-digerido
é a escarificação que nos torna humanos
ligados por um
cordão invisível
é um altar natural cavado no Rio Jordão
é uma alma nua
é a cegueira do êxtase curando cego
é a água da chuva limpando
o sangue da batalha

terra bebendo
sangue limpo
é onde furou o dente carinhoso
da pantera negra
é a flor do cântico
é o parapeito duma flor montanhosa
que deves escalar contra todo risco
é o cálice de lótus em chamas
onde deves beber
sem se queimar
é a religião dos caminhantes
é tiro-ao-alvo de juras cegas de amor
é a roleta do amor
é uma pistola no ponto
do não retorno
é a casa da Lua
é o bojo do violão
é a corda invisível
ligando a estrela
a quem sonha
é a atiradeira de Davi
é a catapulta mágica
é um alto-falante das sereias
é um chifre arrancado de demônio
é o centro dinâmico
da dança de Shakti
é meditar
em cima da armadilha-de-urso
embaixo da pata do elefante
é buraco cavado
por amor e morte
teu único lar
é amor
com ou sem fé,
João...

CANTIGA DE NINAR PARA MÃE MORTA
(Para Sandra Regina M. Velloso)

Mãe, todos os dias eu olhei atrás da porta
passou vassoura, passou gato, você
nunca mais há de passar.

Lembra verso antigo a canção de ninar
você ensinou cedo a adormecer
faltou-me saber acordar.

Ai, quanto machuquei a mim mesmo
só que não era nada disso
afinal apenas
queria violentar seu sono.

Chupar dedo toda criança larga de chupar
homem crescido mesmo
fácil deixa o fumo
sonhar, mãe, gente
desencarna de sonhar.

Quase a ponto de gritar por notícias suas
calei mas
um relógio que calado trabalha disse:
seu trabalho
é sonhar.

A porta era torta, o nariz de meia-noite da bruxa, o garfo quebrado,
a estrela cadente cabisbaixa
tive até coragem de olhar embaixo da cama:
o mundo inteiro é medo
mundo pequeno, medo também
quando se ama.

Quando a mãe dorme, o filho é quem dá de sonhar
acho que Buda
peregrinou em busca da luminária

da canção
de ninar
povos.

Hans me contou da pobre menina
a pequena vendedora de fósforos
Buda então disse:
amigo,
essa é toda luz que precisas encontrar.

Dia chega, homem trabalha, noite chega, homem recolhe
mãe,
quem na oficina dia e noite sonha
a vida da morte
não diferencia.

Dorme...
no berço, no colchão, na flor, no relento.

Sonha...
no berço, no colchão, na flor, no relento.

Não necessita palavras a canção de ninar
palavras consolo não dão
dorme melhor quem
é sonhado por alguém
durma, é a coisa mais simples, meu bem.

AMY & AIMÉE

Não há laços permanentes
mudança repentina e contínua
nos olhos que encaramos
ostras abertas;
a catastrófica trilha das ostras abertas.
Uma harpa de ossos
fora de lugar e flanqueada
às vezes por uma cortina
será sudário
serão os longos cabelos
da criança sonhando?
O túnel do fóssil de um animal
as arcadas armadura dos ossos
os degraus que quebram
um por um quando neles se pisa
proibindo o caminho
do retorno no sonho
proibindo bater em retirada...
De resto, o sonho poderia
ser composto duma única sala
mudando a cada visita
mudando a cada mirada.
O visitante entretido com
as mudanças eternas da sala
não percebe que é ele
que lenta, lentamente
fossiliza em harpa...
Então chega o verão
pra secar a harpa crocante
afinando em tom de luz maior
o que antes era harpa agora
virou a gangorra de uma menina
balançando as escalas
da morte...
Amy, Amy, não lhe disseram
que não brincasse no parque extinto?
é um locus perene e fixo

nos sonhos de todo mundo;
quem quiser que lhe procure
porque alguém nos ensinou
que caveiras estão tristes
isso não passa de medo da morte;
crendice...
Criança do sonho, podes, patinar gelo fino
a outra criança decerto te observa
por debaixo do gelo
olhos lamparinos e meigos, mesmo ali,
na prisão de gelo,
no outro lado da (realidade..?).
Ela quer brincar e pode ser que chame Aimée:
as crianças perguntam o nome umas das outras
isso, algo vital, nós adultos esquecemos,
olvidamos de perguntar
seu nome e sua estrela.
Uma estrela abandonada no fundo do gelo fino
subterrânea
os mortos então
também veem estrelas..?
veem estrelas em pleno dia?
Catavento cativo, ca-ta-ven-to ca-ti-vo...
Escarpas da morte com sons de harpas...
Lagos congelados nos vales da Lua,
vale nos olhos limítrofes entre sonhos...
Uma rachadura no gelo... é doentio
imaginar o que pode acontecer agora...
Gelo embaçado. pratos quebrados. pimentão
sorridente. argola da sorte. pomba branca.
boina florida. chapéu cônico. mesa vazia.
feliz aniversário...
hipotermia...
o gatinho dela chamava piano...
ela era muda.

SABOTAGEM ELEUSINA

Na cruz, você não supõe que
um corvo pousou ao lado do salvador?
O corvo ao lado da pomba,
Perséfone!
E todo aquele que tendo
garganta desce à garganta
do inferno e os seus filhos
os viciados na romã
já foram muitas vezes
condenados pela língua,
Perséfone!
A romã, fruto dos abortos
clandestinos, a que dá à mulher
o direito sobre o seu corpo
que não lhe poupa inferno
e nem paraíso
na gruta
o trono de Hades
no rio subterrâneo
nadam golfinhos
desde que Perséfone, espiga doiro,
chegou, o inferno é pura alegria.
A espiga de ouro
renasce como coroa
descascada...
O povo quase não tem coragem
de tocar o bebê envolto na manta
verde da espiga
com tochas acesas na noite
em Elêusis se celebra
mãe e filha, terra, broto
a ressureição agrícola
ressureição em tudo diversa
daquela do filho do carpinteiro
porque todos sabem
que foi o carpinteiro
quem pregou o filho na cruz

quem faz da madeira, tortura,
senão seu pai, Jesus?
Um buraco negro é um inferno
em cada garganta que come
a romã de Hades
um buraco negro.
Assim a palavra de Perséfone
faz de toda garganta seu lar
natural onde a palavra
sem esforço nasce, vigora,
desmaia, ressuscita, devora!
Ah, cristão, se a garganta
é o inferno
queres você
pelas palavras
filhas da garganta,
salvação?
O buraco negro: Perséfone no céu
o buraco de minhoca: Perséfone na terra.
Cruz de carpinteiro, cruz de funileiro,
cruz de capitão, cruz de solda, cruz romana,
a Ave César crucificada em pleno ar,
Perséfone, aguardamos sua volta,
aos da pomba branca
a pomba morreu
não adianta rezar!

ETHEL, A ETÉREA OU DARKJAZZ

Ethel, a do capuz vermelho
estrambótico, fugindo dos
cães que lhe farejam a cesta
primaveril, o que restou da
primavera senão uma pasta
cremosa de fruta apodrecida,
a etérea coroa na cabeça da
deusa tríscele que assume
agora as vezes de capuzinho
vermelho, a fugitiva sente
o ranger estrepitoso dos séculos,
toda a artilharia aérea contra
as fadas, as metralhadoras
embutidas, tanques de guerra
e pesos de papel esmigalhadores...
vender o corpo, vender
os passeios no bosque
cabisbaixa por círculos
Ethel oculta o rosto no capuz
e pega heroína com o mágico... de Oz
veias vulcânicas novamente
o Monte Fuji em erupção
contagem das vítimas dessa cidade
corrosiva: zero... agora
os graus de sensibilidade
excessiva:
Ethel, a devoradora, olha
os flocos de neve que ali
nunca estiveram,
invocadora da sombra da
neve, um rádio transmite
coelhos... o capuz vermelho
guarda seringa e colher
enquanto ela perseguida
de olhos afundados em
algo minúsculo um inseto
ou um ponto luminoso

o ponto diminuto na veia
é perigoso
(quarenta e um
minutos depois...)
a veia é rompida,
escorre... látex.

Este livro foi composto
em Swift e impresso
na primavera de 2016.